*감수인

이 책은 인류가 발달하는 과정과 세계의 운동 전체를 거시적이고 넓은 시각에서 체계적으로 보여주고 있다. 서로 다르고 복잡해 보이는 사건들이 하나의 맥락을 갖고 연결되어 있다는 사실과 의미를 이야기 형식으로 서술하여 쉽게 파악할 수 있다. 학습효과를 위하여 단계적으로 이해해가는 형식을 취했고, 단원마다 요점들을 정리하여 서술하였다. 또한, 사실을 확신시키고 흥미를 높이기 위해 다양한 자료들, 현장 사진들, 삽화, 그리고 극화까지 활용하였다. 세계문화의 백과사전 같은 가치를 지녀서 성인들이 학습하기에도 손색이 없다. 청소년들이 머지않아 현재로서 맞이할 미래를 위해 이 책이 의미 있는 길잡이가 되길 바란다.

윤명철 (동국대학교 교수. 역사학자)

*일러두기

• 맞춤법과 띄어쓰기는 국립국어원에서 펴낸 〈표준국어대사전〉을 기준으로 삼았습니다. 다만, 역사 용어의 표기와 띄어쓰기는 교육과학기술부에서 펴낸 〈교과서 편수 자료〉와 중학교 국사 교과서를 따랐습니다.
• 외국 인명과 지명은 〈외국어 표기 용례집〉을 따랐습니다.
• 〈세계사 이야기〉의 내용이나 체재는 2011년에 새로 나온 초등학교 교과서를 기본으로 하여 편집하였습니다. 맞춤법이나 표기도 최종적으로는 초등학교 교과서에 맞추었습니다.

조지 워싱턴 동상

우리 땅 넓은 땅
세계사 이야기 **21**

미국의 독립과 혁명의 기운

펴 낸 이 : 이재홍
펴 낸 곳 : 도서출판 세종
등록번호 : 제18-79호
대표전화 : 02)851-6149. 866-2003
F A X : 02)856-1400
주   소 : 경기도 광명시 가학동 786-4호
공 급 처 : 한국가우스 | 등록번호 제18-147호
고객상담전화 : 080-320-2003
웹사이트 : WWW.koreagauss.com

※잘못 만들어진 책은 교환해 드립니다.

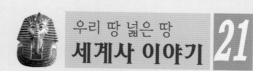

우리 땅 넓은 땅
세계사 이야기 21

미국의 독립과 혁명의 기운

글 한국역사교육연구회 ■ 추천 파랑새 열린학교 · 한국역사사관학교
감수 윤명철 (동국대학교 교수 · 역사학자)

한국가우스

역사를 올바로 보는 눈

세계의 역사는 우리 인류가 걸어온 발자취입니다.

어제 일어난 여러 사실들은 역사가의 평가와 시각에 의하여 역사적 사실로 재발견되고, 그 의미가 새롭게 밝혀져 역사로 기록됩니다.

이것을 통하여 오늘의 우리는 어제의 역사와 만나게 되고 우리가 살지 않았던 어제를 생생하게 체험하며, 그 올바른 의미를 물려받게 됩니다.

역사는 오늘의 삶을 비추어 주는 거울이며 내일을 바라볼 수 있는 창이기도 합니다.

때문에, 역사 서술은 치우침이 없고 엄격해야 합니다.

우리는 그러한 역사를 공부함으로써 우리 자신과 오늘의 현실을 객관적으로 바라보고, 또 비판할 수 있는 힘을 기르게 됩니다. 역사를 배우는 중요한 목표는 자신을 스스로 깨닫게 하는 데에 있다고 합니다.

한편, 역사는 단순한 어제가 아니라 살아 있는 어제여야 한다고 말합니다. 이것은, 역사가 단순히 어제의 사실을 알려 주는 것만이 아니고 오늘의 우리에게 교훈이 되고, 오늘의 문제를 해결할 수 있는 슬기가 되어야 한다는 뜻을 담고 있습니다.

이는 곧 우리가 왜 역사를 배워야 하는지를 말하는 것이기도 합니다. 한국인으로서의 정체성과 함께 다른 문화와 국가에 대한 이해가 있어야만 이 지구촌의 시대를 살아갈 수 있기 때문에 특히 세계사는 중요합니다.

한국인으로서 정체성은 한국사뿐만 아니라 세계사를 함께 배울 때 온전히 형성될 수 있습니다.

우리 어린이는 이러한 역사 인식으로 세계사를 사랑할 뿐 아니라, 인류의 번영, 그리고 새로운 세계의 건설에 이바지하는 '올바른 역사관'을 가진 세계인이 되도록 힘써야 할 것입니다.

한국역사교육연구회

미국의 수도 워싱턴의 대통령 관저 백악관

우리 땅   넓은 땅

세계사 이야기
21

차 례

1 신대륙으로 떠나는 메이플라워

1620년, 영국 국교회의 탄압을 피하여, 필그림 파더스라는 102명의 청교도들이 메이플라워호를 타고 미국에 도착하였습니다.

그들은 상륙하기에 앞서 메이플라워 서약을 만들어, 개인의 자유로운 의지에 의하여 운영되는 공동 사회를 건설할 것을 결의하였습니다. 그들의 식민지는 후에 미국 북동부의 뉴잉글랜드 식민지의 기초가 되었습니다.

그 후, 영국 이주민의 수가 증가함에 따라 식민지도 점차 늘어나, 18세기 초기에는 13개 주를 헤아리게 되었습니다.

아메리카 신대륙

제임스 타운에서의 첫 생활

＊콜럼버스
이탈리아의 탐험가로 아메리카 대륙의 발견자이다. 에스파냐 이사벨 여왕의 원조를 얻어 팔로스 항을 떠나 항해를 계속하여, 그해 10월에 마침내 바하마 제도에 도착하였으며, 다시 쿠바와 아이티 섬도 발견하였다.

아메리카 대륙은 1492년 콜럼버스＊에 의해서 발견된 새로운 땅입니다. 그 후, 많은 유럽 사람들이 아메리카 대륙으로 건너갔습니다.

1607년 5월, 104명의 영국인을 태운 3척의 배가 버지니아 해안에 도착했습니다.

"여기가 신대륙의 버지니아로군."

"이곳에 금과 보석이 가득하대요."

서인도 제도에 상륙하는 콜럼버스 일행

영국인의 배는 강을 거슬러 올라가 작은 반도에 도착했습니다.

"이곳을 제임스 1세의 이름을 따서 제임스 타운이라고 하자."

이렇게 영국인들의 개척 생활이 시작되었습니다.

그러나 제임스 타운에서의 생활은 먹고살기조차 힘든 나날의 연속이었습니다.

"엄마, 배고파!"

"정신 차리거라, 아들아! 죽으면 안 돼!"

극심한 식량 부족과 마을을 휩쓴 전염병으로 날마다 많은 사람이 죽어 갔습니다. 그리고 1년 후에는 겨우 36명만이 살아남았습니다. 남은 사람 중에서도 일을 할 수 있는 사람은 겨우 10명 안팎이었습니다.

 골든벨 상식

제임스 타운

미국 버지니아 주 남동부에 있는 사적지이다. 최초의 영국인 미국 정착지로, 1607년 5월에 약 100명의 영국인들이 제임스 강기슭의 반도에 도착하여, 이곳을 영국 국왕 제임스 1세의 이름을 따서 제임스 타운이라고 이름 붙였다. 1612년에 담배가 처음으로 재배되어 식민지의 경제적 자립 기반이 이룩되었으며 1619년에는 최초의 식민지 의회가 설치되었다.

아메리카 최초의 정착지인 제임스 타운

또한, 아프리카 흑인 노예가 처음으로 식민지에 수송되었다.

이곳은 1619~1698년에 걸쳐 버지니아의 주도였으나, 1676년 베이컨의 반란에 의한 파괴와 1698년의 화재에 의해서 1699년 주도가 윌리엄즈버그로 옮겨지자 도시는 급속히 퇴락하였다. 현재는 국립 사적 공원의 일부가 되었다.

"큰일 났어요! 인디언들이 몰려오고 있어요."

그러나 이곳으로 몰려온 인디언들은 이들에게 식량을 나눠 주고 농사짓는 방법을 가르쳐 주었습니다. 이렇게 인디언들의 도움을 받은 초기 개척자들은 최악의 상황을 극복할

개척자들이 사용하던 마차

수 있었습니다. 그들이 찾으려던 금과 보석은 없었지만, 제임스 타운에는 그 대신 밝은 미래를 향한 꿈과 희망이 있었습니다.

한편, 1614년에 존 롤프라는 영국인 청년과 인디언 왕녀인 포카혼타스가 결혼하게 되었습니다.

"축하하네. 자네에게 축하의 뜻으로 이것을 선물하겠네."

한 걸음 더!

포카혼타스

포하탄 족 인디언 여성으로, 미국 버지니아의 제임스 타운 부근에서 출생하였다. 백인과의 결혼으로 인해 후대에 신화적 인물이 되었다.

포하탄 족장의 딸로, 1608년 포로로 붙잡힌 영국 식민지 개척자인 존 스미스의 생명을 구해 주었다. 그 뒤 버지니아 정착민은 포하탄과의 관계가 악화되자 영구 평화 협정을 맺기 위해 인질로 납치되었다. 포로로 머무는 동안 담배 재배업자 존 롤프와 사랑하는 사이가 되어 1614년 결혼하였고, 양측에는 평화가 유지되었다. 1616년, 버지니아 총독 테일은 적응력이 뛰어난 그녀를 식민 사업과 인디언의 크리스트 교화의 성공을 선전하기 위해 런던에 파견하였다. 그녀의 결혼은 백인과의 사이에 평화로 여겨졌으나 정략적 의미가 짙었다.

"담배의 모종이로군요. 감사합니다!"

이것을 계기로 아메리카에서 담배 재배가 시작되었습니다. 그리고 버지니아의 담배는 유럽에 수입되자마자 크게 유행하였습니다.

담배의 성공으로 활기를 찾은 버지니아는 많은 사람들이 몰려들었습니다. 그러자 사람들은 대표를 뽑아 의회를 만들었습니다. 이렇게 하여 1619년 제1회 버지니아 의회가 열렸습니다.

그곳에서 식민지의 법률이 만들어졌습니다. 이 법률은 그 후, 각지에 생긴 식민지 법률의 선례가 되었습니다.

> **＊버지니아 식민지**
> 1607년, 영국이 북아메리카에 건설한 최초의 영속적 식민지이다.
> 명칭은 처녀 왕인 엘리자베스 1세의 이름에서 유래하였다. 워싱턴, 제퍼슨과 같은 미국 독립 혁명의 지도자가 나온 곳이다.

서부 개척을 묘사한 〈미국의 발전〉

미국으로 향하는 메이프라워호

1620년, 영국이 북아메리카에 세운 식민지의 역사는 본격적으로 시작되었습니다.

"우리는 이제 지상 천국으로 떠나는 거죠? 아이, 좋아!"

사람들은 배가 출발하자 환호성을 울렸습니다. 이 배는 '5월의 꽃'이라는 뜻을 지닌 메이플라워호*였습니다.

*메이플라워호
1620년 영국에서 미국으로 첫 이민을 간 청교도들이 탔던 배의 이름이다.

엘리자베스 1세의 뒤를 이은 제임스 1세*가 청교도를 철저히 탄압하자, 영국의 청교도 102명이 메이플라워호를 타고 자유세계를 찾아 대서양을 건넜습니다.

메이플라워호는 모두 2척으로 하나는 180톤짜리이고, 하나는 60톤짜리였습니다.

일가족이 전부 타는 경우도 있고 혼자 떠나는 사람도 있었으며, 아이들은 약 30명 정도가 되었습니다.

*제임스 1세
  원래 스코틀랜드 왕이었으나 엘리자베스 여왕이 후계자 없이 죽자, 그 뒤를 계승하여 영국 왕과 스코틀랜드의 왕을 겸하면서 스튜어트 왕조를 열었다.
  절대주의 정책을 고집하여 전제 정치를 행하고, 헌법과 의회를 무시한 채 세금을 거두어들여, 의회와 자주 싸웠다. 또한, 청교도를 심하게 탄압하고 국교를 옹호하여 뒤의 찰스 1세 때의 청교도 혁명의 원인을 만들었다.

청교도를 탄압한 제임스 1세

제임스 1세의 왕비 앤 여왕

1558년 잉글랜드의 여왕이 된 엘리자베스 1세

본격적으로 시작된 청교도들의 개척 생활

"폭풍이 분다!"

배가 뒤집힐 것 같아서 60톤짜리 배는 되돌아가고 말았습니다. 부모들은 아이들의 질문에 답해 주느라고 진땀을 뺐습니다.

"자유를 누리고 살아갈 우리의 지상 천국에 도착할 때까지 어떤 어려움이 닥치더라도 참자꾸나."

메이플라워호를 복사한 메이플라워 2호

"거기가 어딘데요?"

"신대륙이란다."

"거기에는 사람을 잡아먹는 새까만 식인종이 있다던데요?"

"하느님께서 우리를 지켜 주실 거야."

메이플라워호는 거친 바다를 힘차게 헤쳐 나아갔습니다. 사람들은 배와 함께 파도와 풍랑을 이겨내고 드디어 기다리고 기다리던 미래의 땅에 발을 내디뎠습니다.

"하느님! 감사합니다. 감사합니다!"

"우리 모두 힘을 합쳐 이곳에 청교도들의 이상적인 나라를 건설합시다."

청교도들은 육지에 내리기 전에 배 위에서 스스로 규칙을 만들어 지킬 것을 약속했습니다. 이것을 '메이플라워 서약＊'이라고 합니다.

그리고 12월 21일, 육지에 상륙한 청교도들은 그 땅을 플리머스라고 짓고, 그곳에서 개척 생활을 시작했습니다. 그러나 혹심한 추위와 전염병 등의 풍토병으로 인해 50여 명 이상이 죽었습니다.

또한, 아이들이 말한 대로 처음에는 식인종과 인디언의 습격을 받기도 했지만, 인디언들의 도움을 받아 나머지 사람들은 무사히 살아갈 수 있었습니다.

1620년에 지은 메이플라워 서약

인디언을 청하여 추수 감사절을 지내는 청교도들

이때, 인디언에게 받은 씨앗으로 옥수수를 재배하였고 이것을 처음 수확한 날에 추수 감사를 지냈습니다. 이것이 오늘날 '추수 감사절'*의 유래입니다.

그 후, 영국으로부터 더욱 많은 사람들이 건너와 매사추세츠는 나날이 발전했습니다.

21

신대륙의 원주민 아메리카 인디언

청교도들이 상륙하여 제일 먼저 지은 건물은 교회였습니다. 교회라고 해 봤자 움막이었으나 그들은 매일 틈만 나면 모여 하느님께 예배를 드리며 땅을 개간했습니다. 식인종과 질병, 추위와 굶주림을 견디며 땅을 일구어 농사를 지었던 것입니다.

신앙의 자유가 보장되니 교회를 짓는 것이 힘들기는커녕 즐거워.

그 어려움 속에서 가장 행복한 것은 마음 놓고 그들의 종교(신교)를 믿을 수 있었던 신앙의 자유였습니다.

그들이 농사를 지어 두 번째로 한 일은 자녀들의 교육을 위해 학교를 지은 것입니다.

마지막 세 번째 일이 비로소 사람들이 각각 살 집을 마련하는 것이었습니다.

청교도들이 세운 미국 최초의 대학인 하버드 대학교

자신들이 살 집을 제일 나중에 지었다는 것만 봐도 청교도들의 신앙이 얼마나 깊었는지를 짐작할 수 있습니다.

이렇게 오늘날 세계 최대 강국을 이룬 미국은 최초에 '교회→ 학교→ 가정집' 순서로 이루어졌던 것입니다.

추수 감사절의 전통적인 음식 칠면조

1639년, 코네티컷에서 의회를 열어 '코네티컷 기본법'을 만들었습니다. 이 법률은 최초로 근대 민주주의에 입각하여 만든 법률로 알려져 있습니다.

한편, 네덜란드는 1626년에 맨해튼 섬을 인디언으로부터 사들여 뉴암스테르담이라고 이름 지었습니다. 이것은 나중에 잉글랜드와 네덜란드의 영토 싸움을 불러일으키는 원인이 되었습니다.

1664년, 영국의 요크 공이 군함을 이끌고 뉴암스테르담을 공격했습니다.

"뉴암스테르담은 우리 영국이 처음 발견한 땅이다. 네덜란드를 쫓아내고 우리 영토를 회복해야 한다."

그 후, 뉴암스테르담은 요크 공의 이름을 따서 뉴욕이라고 불렸습니다.

그리고 18세기 전반까지 북아메리카 동부에 13개의 영국 식민지가 만들어졌습니다. 이들 식민지는 각기 독립된 정치를 하면서 발전했습니다.

1900년 미국 뉴욕의 거리 풍경

*프렌치 · 인디언 전
쟁

유럽의 7년 전쟁과 관
련해서 영국과 프랑스가
북아메리카에서 싸운 전
쟁이다. 프랑스가 인디
언 여러 부족과 동맹하
여 영국령 식민지를 공
격한 데서 연유한 명칭
이다. 1763년의 파리 조
약에 의해 신대륙의 프
랑스 영토는 영국과 에
스파냐에 양도되었다.

그 뒤에도 영국에서 식민지로 이민 오는 사람들은 계속 늘어났습니다. 프랑스의 식민지 진출은 영국보다 조금 늦게 시작되었는데, 이로 인하여 1753년 영국과 프랑스는 식민지를 둘러싸고 분쟁을 일으키게 되었습니다.

"여기는 영국의 영토다. 우리 땅에서 빨리 나가라!"

드디어 1754년, 영국과 프랑스 · 인디언 사이에 전쟁이 시작되었습니다. 이 전쟁을 '프렌치 · 인디언 전쟁' *이라고 합니다.

북아메리카 인디언 토템 기둥

*조지 워싱턴
　미국의 초대 대통령으로, '미국 건국의 아버지'로 불린다. 대통령 취임 후에는 연방 정부의 기초 확립에 노력하였고, 프랑스 혁명에 따른 영·불 전쟁 때에는 중립을 지켰다.

워싱턴의 가족들

　그러나 영국군은 프랑스·인디언 군의 게릴라식 전법의 공격에 맥없이 쓰러졌습니다. 이 싸움에서 크게 활약한 사람은 식민지군을 이끌었던 조지 워싱턴*입니다. 그는 겨우 살아남은 병사들을 이끌고 극적으로 탈출하였습니다.

　"본국은 우리의 사정을 모른다. 이제는 워싱턴 중령의 지휘 아래 우리 스스로 우리 땅을 지키자!"

　이렇게 하여, 버지니아 식민지의 남자들은 계속 워싱턴의 지휘하에 모여들었습니다. '우리 땅은 우리 스스로 지키자.'라는 투지를 가진 식민지군의 공격에 프랑스·인디언 군은 후퇴하기 시작했습니다.

　그 뒤에도 프랑스·인디언 군의 공격은 계속되었고, 식민지군의 저항 또한 계속되었습니다. 그러자 영국 본국은 군대를 계속 아메리카로 보내, 드디어 1763년 영국군과 식민지군은 프랑스군을 완전히 굴복시켰습니다.

2 영국과 갈등하는 식민지

영국의 식민지 경제 정책은 7년 전쟁 후에 더욱 강화되었습니다. 영국은 식민지 전쟁에 든 비용을 식민지에 부담시키기 위하여, 1765년에 인지 조례를 발표하였습니다. 그러자 식민지 주민들은 심하게 반대하여 '대표가 없으면 과세도 없다.'라고 주장하며 세금 부과에 반대하고, 본국 상품 불매 운동을 벌이기로 결의하였습니다.

1년 후 인지세는 폐지되었지만, 다음에는 차, 종이, 페인트, 유리 따위에 수입세를 부과하자 이번에도 커다란 반발이 일어났습니다.

그래서 정부는 차에 대한 세금만 남기고, 다른 세금은 폐지하였습니다.

미국 자유의 여신상

식민지의 반발을 일으킨인지 조례

본국인 영국은 아메리카 식민지를 원료의 공급지, 본국 상품의 시장 정도로만 여기고 있었으므로 본국의 국민들과 같은 대접을 해 주지 않았습니다.

"본국에서는 우리를 돌보지 않고 저희 욕심만 차린다!"

식민지 사람들은 차차 불만을 터뜨렸습니다.

"아예 다른 나라에서 물건을 들여오면 쌀 텐데⋯⋯."

"본국 상품값은 터무니없이 비싸!"

뉴욕의 눈부신 야경

이런 불만을 품은 식민지 사람들은 영국이 아닌 다른 나라에서 물건을 몰래 사들이기 시작했습니다. 그러자 영국은 이를 감시하기 위해 군대 1만 명을 들여놓았습니다.

"식민지를 보호하기 위해 군대를 보냈으니까 군대 비용은 식민지에서 대야 한다."

자기들 마음대로 군대를 보내다니, 식민지 사람들을 보호하는 것이 아니라 감시하자는 거잖아.

뉴욕의 큰 철도역 그랜드 센트럴 역

군대의 엄청난 유지비를 식민지에 떠맡기자 드디어 불만이 터지기 시작했습니다.

"쳇, 보호가 아니라 탄압하려고 보낸 군인들을 왜 우리가 먹여 살려?"

더욱이 영국은 1765년에 모든 상품에 인지를 사서 붙이게 하는 '인지 조례' ＊를 의회에서 통과시켰습니다. 식민지

에서 세금을 더 거두
어 군대 유지비를 마
련하기 위해서였습
니다.

　그러자 식민지에
서는 반대 운동이 벌
어졌습니다.

　"인지 조례를 없애
라!"

뉴욕의 원주민 레나페인

　"우리 시장을 독점
하여 물건을 비싸게 파는 것만도 억울한데 웬 날벼락이
냐?"

납세필을 나타내는 도장

　매일 같이 군중의 반대 시위가 벌어졌으며, 인지를 불태우
는 등 식민지 주민의 반대 운동은 날이 갈수록 거세어졌습니
다.

영국은 불공평한
인지 조례를
당장 폐지하라!

'미국 민주주의의 아버지'로 불리는 제퍼슨의 기념관

그러자 영국 의회는 때마침 런던에 와 있던 아메리카 펜실베이니아 주 의원 벤자민 프랭클린을 출석시켰습니다.

제퍼슨

"프랭클린 씨! 아메리카는 인지세도 안 내면서 우리 영국 군대가 지켜 주기를 바라는 것이 옳다고 생각하시오?"

"우리 아메리카는 그런 군대를 원한 적이 없습니다. 그리고 아메리카 주민이 영국 국민과 같은 국왕 폐하의 백성이라면 당연히 세금을 내야 하겠지만, 영국 의회는 우리 아메리카 의원의 출석을 받아들이지 않고 있습니다. 대표가 없는 곳에 세금은 있을 수 없습니다!"

프랭클린은 인쇄소에서 일하며 독학을 하였으며 미국 최초의 도서관을 설립한 사람입니다. 그는 정치가인 동시에 과학자로서 고성능 난로와 피뢰침을 발명하고, 뒷날 제퍼슨*과 함께 '미국 독립 선언서'를 작성했습니다.

인지 조례 반대 운동은 영국 상품 안 사기 운동으로 번졌습니다. 결국, 프랭클린의 뛰어난 외교 솜씨로 인지 조례는 시행 1년 만에 폐지되었습니다. 그렇다고 해서 영국이 그냥 물러난 것은 아닙니다.

> *제퍼슨
> 미국의 제3대 대통령이다. 미국의 독립 선언서를 기초하여 미국 민주주의의 토대를 확립한 인물로, '미국 민주주의의 아버지'라고 불린다.

미국 국회 의사당 앞의 제퍼슨 동상

1749년 영국 런던의 웨스트민스터 수도원

독립혁명의 한 원인이 된 타운센드 법

1767년, 영국의 타운센드 경은 새로운 법을 의회에 내놓았습니다. 유리나 염료, 종이, 차 같은 몇몇 종류의 상품에만 세금을 매기고, 밀수꾼 단속을 엄하게 하자는 것이었습니다.

이 타운센드 법이 의회를 통과하자 아메리카에서 다시 반대 운동과 영국 상품 불매 운동이 거세게 일어났습니다.

1770년 3월 5일, 드디어 영국과 아메리카 사이의 첫 충돌 사고가 보스턴에서 일어났습니다. 영국 장교를 놀리던 소년이 병사에게 얻어맞은 것입니다.

17세기 아메리카의 지도

주민들은 화가 나서 군인들에게 달려들었고 싸움은 곧 총을 쏘아 죽이는 학살 사건으로 변했습니다.

이날의 충돌로 애틱스를 비롯한 3명의 사망자와 부상자 여러 명이 생겼습니다. 이것이 곧 '보스턴 사건'으로, 애틱스는 영국과 식민지 충돌의 첫 희생자였습니다.

오늘날 미국 보스턴의 풍경

1770년 보스턴에 일어난 보스턴 학살 사건

미국 독립 혁명의 발단은 이렇게 시작되었습니다. 이 사건이 확대됨에 따라 타운센드 법은 폐지되었으나, 아메리카인은 영국에 대한 저항을 서서히 조직적으로 벌이게 되었습니다.

또한, 영국 의회는 차에 대한 관세만은 아메리카에 계속 물리고 있었습니다.

더 이상 영국의 횡포를 두고 볼 수 없소. 똘똘 뭉쳐 싸워야 우리 권리를 찾을 수 있소!

암스테르담에 설립한 네덜란드 동인도 회사

차세가 영국에 커다란 세금 수입을 가져다주는 것도 아니었지만, 영국 의회는 영국의 힘을 내보이기 위해 꾸준히 차세를 물렸던 것입니다. 바로 이 차세 때문에 미국의 독립 혁명이 일어나게 되었습니다.

아메리카인들은 영국 의회의 결정에 반대하여 차세 내기를 거부하였고, 차 대신 커피나 코코아만을 마심으로써 대대적인 저항 운동을 벌였습니다.

앞으로 동인도 회사의 차는 세금을 면제해 주고 아메리카 수출을 독점한다.

불과 1년 사이에 아메리카에서의 차 판매 수입은 90만 파운드에서 약 23만 파운드로 크게 줄어들었고, 영국의 중요한 수입원인 인도의 차 회사가 큰 타격을 받게 되었습니다. 이에 영국 의회는 차 판매를 늘리기 위하여 1773년에 새로운 차 법을 제정하였습니다.

"동인도 회사*는 아메리카 차 수출을 완전히 독점한다! 그리고 동인도 회사의 차에 대해서는 세금을 면제한다!"

이렇게 하여, 동인도 회사의 차는 밀수되는 차보다 훨씬 싼 값으로 들어오게 되었습니다. 그 결과 동인도 회사가 아닌 다른 지방에서 차를 수입하던 회사들이 망하게 되었습니다.

이러한 영국의 조치는 미국인들을 다시 한 번 격분하게 만들었습니다.

동인도에 설립한 영국 동인도 회사

> **＊동인도 회사**
> 영국, 네덜란드, 프랑스 등이 동양 무역을 하기 위해 17세기 초에 설립한 독점적 특허 회사이다.
> 설립된 연도는 영국이 1600년, 네덜란드가 1602년, 프랑스가 1604년이다. 네덜란드는 자와 섬을 중심으로 활약했고, 영국은 인도를 식민지화했으며, 프랑스는 한때 인도 지배에 적극적이었으나 영국과의 경쟁에서 패하였다.

3 보스턴 항에서 일어난 차 사

보스턴 차 사건은 1773년 12월 16일 밤, 미국 식민지의 주민들이 영국 본국으로부터의 차 수입을 저지하기 위해 일으켰던 사건입니다.

영국의 차 조례에 반대한 보스턴 시민들은 인디언으로 가장하여 보스턴 항구에 정박 중이던 영국 배 3척을 습격하였고, 차 상자 342개를 바닷속에 던져 버렸습니다.

이 사건으로 영국 정부의 미국 식민지에 대한 탄압이 심해지고, 1775년 무력 충돌이 발생해서 미국 독립혁명의 직접적인 도화선이 되었습니다.

미국 독립 전쟁의
발단이 된 보스턴 차 사건

보스턴 시민들의 분노

연설하고 있는 패트릭 헨리

그런 법이 어디 있소! 영국 군대는 당장 물러가시오!

바다에 가라앉힌 차에 대한 보상을 하기 전까지는 보스턴 항구를 폐쇄한다.

1773년 12월 16일, 보스턴 시민들 수백 명이 인디언으로 변장하고 항구에 있는 배를 습격했습니다.

"저 배가 바로 홍차를 실은 동인도 회사의 무역선이다!"

"차 상자를 모조리 바닷속에 처넣어라!"

영국 의회는 이 사건을 보고받고 격분했습니다.

"이것은 분명 영국에 대한 도전이다!"

영국은 보스턴 시민의 행위를 본국에 도전하는 중대한 일로 보고 군대를 더 파견했습니다. 또한, 함대를 보내어 보스턴 항구의 출입을 막는 한편, 바다에 처넣은 차값

런던의 국회청사

런던의 국회청사

차 상자를 바다에 던지는 보스턴 시민

모두를 물어내라고 시민들에게 요구했습니다.

그러기 전에는 보스턴에 배 한 척이라도 들어가거나 나가지 못한다는 것이었습니다.

보스턴 차 사건

이러한 영국의 강한 태도는 아메리카인들을 더욱 화나게 하였습니다. 새뮤얼 애덤스를 중심으로 한 아메리카인들은 드디어 영국과 전쟁을 하기로 의논했습니다.

"우리 13주가 똘똘 뭉쳐서 본국(영국)과 싸웁시다!"

패트릭 헨리의 초상화

미국 필라델피아의 아름다운 풍경

이렇듯 보스턴 차 사건은 아메리카 독립 전쟁의 불씨가 되었습니다.

아메리카의 진정한 자유와 권리를 위해 끝까지 투쟁합시다!

1774년 9월, 마침내 아메리카의 식민지 대표들이 비밀리에 연락을 취해 필라델피아에 모였는데, 이것이 바로 '제1차 대륙 회의'*입니다.

"자유가 아니면 죽음을 달라!"

버지니아 대표로 참석한 패트릭 헨리는 이런 유명한 말을 남겼습니다. 대표 회의는 자유와 권리를 위해 싸우기로 다짐하고 '권리 선언'을 하였습니다. 또 보스턴 항구를 풀 때까지 영국과 무역을 중단한다고 발표했습니다.

＊대륙 회의

영국과의 대립이 격화됨에 따라 미국은 각 식민지 간의 협력이 중요해졌다. 그래서 13주 식민지 대표가 모여 회의를 개최하였다.

그 후 1774년과 1775년에 필라델피아에서 회의를 개최하고, 1776년에 독립 선언을 발표하는 등 미국 혁명의 중추적 기능을 담당하였다.

필라델피아에 있는 독립 홀

한 걸음 더!

보스턴 차 사건

1773년 12월 16일 밤, 보스턴 시민들이 영국 배 3척을 습격하여 차 342상자를 바닷속에 던진 사건이다.

이것은 영국 동인도 회사가 차의 전매권을 가지고 있는 것에 반발하여 발생한 사건으로, 이에 대처하여 영국 정부는 1774년에 보스턴 항만 조례를 비롯한 일련의 탄압법을 제정하였다. 이것은 미국 독립혁명의 직접적인 도화선이 되었다.

4 미국 독립혁명과 독립선언

본국 정부는 보스턴 차 사건 이후에도 식민지의 요구를 몇 번 받아들였으나, 마침내 식민지를 무력으로 제압하려는 정책을 펴기 시작하였습니다.

영국 해군은 보스턴 항을 봉쇄하고, 계엄령을 선포하여 식민지 주민들을 굴복시키려고 하였습니다.

그러자 13주 식민지 대표는 1774년에 필라델피아에서 제1차 대륙 회의를 열고, 자치권을 허락해 달라는 청원서를 본국으로 보냈습니다. 그리고 만약 이 요구가 받아들여지지 않으면 본국과의 통상을 단절하겠다고 선언하였습니다.

그럼에도 본국의 정책이 바뀌지 않자, 1775년 보스턴 근교에서 영국군과 식민지군 사이에 무력 충돌이 일어나 독립혁명의 막이 올랐습니다.

독립선언에 서명하는
13개 주 대표들

미국의 독립선언

1775년 4월 18일 밤, 렉싱턴이라는 조그만 마을에 영국군이 나타났습니다. 렉싱턴은 보스턴에서 16킬로미터쯤 떨어져 있었습니다.

"콩코드와 액턴의 무기 창고를 습격한다! 새뮤얼 애덤스도 체포하라."

영국군 1천여 명이 접근해 오는 것을 독립군들이 발견하고 종을 쳐서 신호를 보냈습니다.

"본때를 보여 주자!"

그렇지 않아도 기회가 오면 영국군을 해치우려고 벼르던 독립군이었습니다. 드디어 영국군과 독립군이 맞섰습니다.

'탕! 탕!'

어느 쪽에서 먼저 총을 쏘았는지 알 수 없었으나 콩코드 다리에서 싸운 이 첫 전투에서 영국군은 2백 명이 넘는 사망자를 내고 패하여 도망쳤습니다. 이 렉싱턴 전투를 시작으로 독립혁명의 불이 붙었습니다.

1775년 매사추세츠의 렉싱턴-콩코드의 싸움

영국 본국군와 아메리카 민병대가 싸웠던 렉싱턴 전투

보스턴에 있는 옛 주 의회 의사당 올드 스테이트 하우스

*렉싱턴-콩코드의 싸움

1775년 4월 19일, 매사추세츠의 렉싱턴과 콩코드에서 영국군과 식민지 의용병이 싸움을 시작함으로써 미국 독립 혁명이 시작되었다.

렉싱턴 전투*가 있은 지 얼마 뒤인 1775년 5월 10일, 제2차 대륙 회의가 필라델피아에서 열렸습니다. 이 회의에는 모든 식민지 대표들이 모였습니다. 워싱턴도 버지니아의 대표로 참석했습니다.

이 자리에서 누구를 13주 연합군의 지도자로 뽑을 것이냐 하는 것이 문제가 되었습니다.

"버지니아 출신의 조지 워싱턴 장군이 가장 적합할 것 같습니다."

독립혁명의 시작을 알린 렉싱턴 전투

의견이 이렇게 모여서 독립 연합군은 최고 사령관으로 조지 워싱턴을 뽑고 함대 건설 등 본격적인 전쟁 준비에 들어갔습니다.

영국군과 아메리카 연합군의 첫번째 큰 싸움은 벙커힐에서 벌어졌습니다.

이 전투는 결국 영국군의 승리로 돌아갔지만, 450여 명의 전사자를 낸 아메리카에 비해, 영국은 1천여 명이 전사했으며 지휘관인 하우 장군까지 잃었습니다.

*렉싱턴
미국 매사추세츠 주 동부에 있는 도시이다. 1775년 4월, 여기에서 식민지인들과 영국군과의 무력 충돌이 일어나, 그것이 미국 독립혁명으로 발전하였다.

1775년 6월 미국 매사추세츠에서 일어난 벙커힐 전투

토머스 페인

아메리카 식민지가 영국과 싸워야 하는 이유를 토머스 페인은 다음과 같이 주장하였습니다.

"우리는 영국의 억압에서 벗어나 자유를 찾아야 한다! 자유를 찾으려면 독립해야 한다!"

영국의 왕 조지 3세의 전신상

1785년에 그린 조지 3세의 딸들

그의 날카로운 주장에 힘입어 자유를 얻기 위한 혁명이 독립혁명으로 바뀌게 된 것입니다.

영국 왕 조지 3세*는 이 소식을 듣고 매우 격분했

*조지 3세
　영국의 왕으로, 조지 2세의 손자이다. 왕권 강화를 꾀하였으나, 북아메리카의 식민지 정책에 실패하여 독립혁명을 촉발시켰다.

조지 2세의 초상화

습니다. 그리고 떨리는 목소리로 명령을 내렸습니다.

"대영 제국의 명예를 회복하기 위해 모든 수단과 방법을 동원하여 저 아메리카 야만인들을 굴복시켜라!"

그렇지만 아메리카로 가려는 군인들이 적어서 하는 수 없이 독일 용병 2만여 명을 사서 보내게 되었습니다.

우리 아메리카는 단순한 자유가 아니라 완전한 독립을 위해 싸운다!

13개 주 대표자의 서명

이러한 영국의 조치에 화가 치민 아메리카인들은 영국 왕 조지 3세를 범죄자로 규정하고, 그의 동상을 모조리 끌어내려 부수어 버렸습니다. 영국과의 전쟁이 독립혁명으로 성격이 바뀌면서 대륙 회의는 이제 그들의 입장을 세계에 알리게 되었습니다. 이것이 곧 민주주의의 역사에 빛나는 '독립선언' 입니다.

미국 독립선언문 초안을 재검토하는 프랭클린, 존 애덤스, 제퍼슨

미국 필라데리아에 있는⟨자유의 종⟩

제퍼슨 동상과 제퍼슨이
쓴 독립선언서의 인용문

"……우리는 독립을 요청하는 여러 원인을 세계에 선언합니다. 모든 사람은 태어나면서부터 평등하고 하느님은 몇 가지 귀중한 권리를 인간에게 주었습니다. 그중 생명, 자유, 행복을 누릴 수 있게 하셨는데 이것은 너무나 분명한 진리입니다. 이 권리를 갖기 위해 인류는 정부를 조직했습니다. 어떤 정부이든 이런 근본 목적에 어긋난다면 정부를 바꾸고, 없애고 새 정부를 만드는 국민의 권리가 행해져야 할 것입니다……."

이것이 바로 '독립선언' 의 주요 내용입니다.

*벤자민 프랭클린

미국의 정치가이자, 사상가, 과학자이다. 가난한 가정에서 태어났으나 출판·인쇄업자로 성공한 뒤, 독립선언서의 기초 위원, 프랑스 대사 등을 역임하였으며 파리 조약을 맺어 독립혁명을 마무리하였다.

또한, 독립한 아메리카 합중국의 헌법 제정 위원회에서도 활발한 활동을 보였다.

자연 과학에도 관심을 기울여 피뢰침, 번개의 방전 현상을 증명하였고, 도서관과 고등 교육 기관 설립 등 문화 사업에도 공헌하였다.

1776년 7월 2일, 토머스 제퍼슨과 존 애덤스, 벤자민 프랭클린*이 만든 독립선언서가 대륙 회의에서 통과되었습니다.

이 독립선언서는 7월 4일에 공포되었고, 그 후 7월 4일이 바로 미합중국의 가장 중요한 경축일인 독립기념일이 된 것입니다.

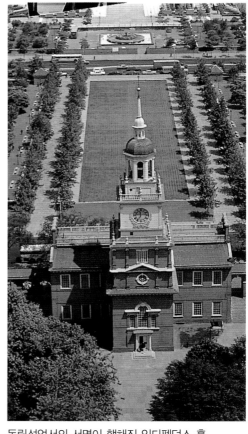

독립선언서의 서명이 행해진 인디펜던스 홀

얼마 후, 영국군은 3만의 병력으로 뉴욕을 공격해 왔습니다. 아메리카군은 모든 면에서 우수한 영국군의 공격을 막아내지 못하고 후퇴를 거듭했습니다.

워싱턴이 이끄는 아메리카군이 간신히 펜실베이니아에 도착했을 때는 병력의 수가 이미 많이 줄어 있었습니다. 이렇듯이 전쟁 초기에는 상황이 영국군에게 유리하여 독립군이 계속 패배하였습니다.

벤자민 프랭클린

미국 독립선언서

독립혁명 총사령관 조지 워싱턴

존 애덤스의 초상화

한낱 미물인 거미도 다시 일어서는데, 내가 여기서 그냥 주저앉을 수는 없지 않은가!

전쟁이 한창 진행되던 어느 날, 병사들을 잃고 산속을 헤매던 워싱턴은 기진맥진하여 쓰러졌습니다.

그때, 대포에 맞아 뻥 뚫린 거미줄에 거미가 나타나서 다시 줄을 뽑기 시작하고 얼마 뒤에는 다시 튼튼한 거미줄이 완성되는 것을 보았습니다.

'내가 저 거미만도 못한 인간이 될 수는 없다!'

라고 생각한 워싱턴은 다시 용기를 내어 벌떡 일어났습니다. 그리고 포위망을 뚫고 본대로 돌아갔습니다.

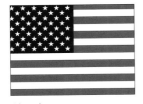

성조기

1776년 6월의 어느 날, 하늘에 내걸린 깃발을 보고 병사들이 물었습니다.

"사령관님! 저 깃발은 무엇입니까?"

"아메리카 합중국의 국기다! 13개의 선과 별은 주의 숫자이고, 빨간색은 용기, 흰색은 순결, 그리고 파란색은 신의 은총을 상징하는 것이다."

워싱턴은 장교용 숙소로 들어가지 않고 병사들과 함께 생활했습니다.

그해 크리스마스 날 밤, 아메리카군은 영국군에게 고용된 독일 부대가 있는 트렌턴을 공격했습니다. 이 전투에서

트렌턴 전투에서 승리를 거둔 아메리카군

문서를 읽고 있는 벤자민 프랭클린

아메리카군은 많은 포로를 사로잡았고, 무기와 탄약을 손에 넣었습니다.

한편, 벤자민 프랭클린은 프랑스로 건너가 프랑스 국왕에게 아메리카 합중국을 도와줄 것을 요청했습니다.

미국 버지니아주에 있는 전사자들의 묘 알링턴 국립묘지

새러토가 전투에서 매복하고 있는 독립군

새러토가 전투에서 승리한 워싱턴의 군대

1777년 10월, 영국군은 대부대를 이끌고 뉴욕에서 이동해, 올버니 북쪽의 새러토가를 공격했습니다. 그러나 아메리카군에게 완전히 격파되었습니다.

워싱턴이 이끄는 아메리카군은 물자 부족으로 어려움을 겪으면서도 계속 진군했습니다.

"봐라! 아무리 어려운 상황이 닥쳐도 우리는 자유가 승리할 때까지 계속 싸울 것이다!"

독립군의 승전은 전 유럽 국가에 큰 충격을 주었습니다. 대영 제국의 군대가 보잘것없는 독립군에게 패했다는 것은 뜻밖의 일이었던 것입니다.

조지 워싱턴

행진하는 영국군대

전선에 있는 조지 워싱턴

그리하여 새러토가 전투 때까지 이 전쟁을 지켜만 보던 유럽 국가들이 앞다투어 독립군 편으로 뛰어들었습니다.

그러나 그들의 속셈은 따로 있었습니다. 즉, 강대해지는 영국을 꺾기 위해서였습니다.

'지금이야말로 영국의 콧대를 꺾을 수 있는 절호의 기회다!'

1778년 2월 6일, 프랑스 국왕은 벤자민 프랭클린을 불러들였습니다.

아, 이 추위에 더 이상 버티는 것은 무리야.

추위를 견디면서 전투하는 독립군

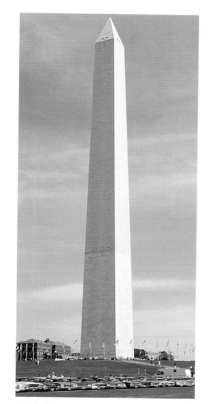

워싱턴의 무명용사 기념탑

"프랭클린, 당신의 나라와 동맹을 맺겠소."

이렇게 하여, 프랑스는 미국 독립 혁명에 엄청난 빚을 져 가며 전쟁 물자와 군대를 지원했습니다. 이로 인해 프랑스의 국가 재정이 흔들리게 되었고, 이것은 훗날 프랑스 대혁명의 원인이 되기도 했습니다.

프랑스가 동맹국이 되었다는 소식이 아직 전선에 있는 워싱턴에게는 전해지지 않았습니다.

'점차 상황이 우리에게 유리해지고 있고 병사들의 사기도 아직은 괜찮다. 하지만 전쟁이 더 이상 계속된다면 큰일인데…….'

예상했던 대로 얼마 후 추운 겨울이 닥쳐오자, 병사들은 추위와 배고픔을 견디지 못하고 하나둘씩 쓰러지기 시작했습니다.

요크타운 전투를 시작하기 전 로상보와 조지 워싱턴이 마지막 명령을 내리다

프랑스의 원조 소식이 전선에 있는 워싱턴에게 전해진 것은 5월이었습니다.

"정말인가? 자금과 물자, 그리고 군사까지 프랑스의 원조를 받게 되었단 말이지?"

프랑스의 원조로 아메리카군은 계속 싸움을 할 수 있었고, 각지에서 영국군을 무찌를 수 있었습니다.

드디어 1781년, 6년 동안의 전쟁에 종지부를 찍는 마지막 전투가 벌어졌습니다.

"영국군이 우리가 친 거미줄에 걸려들었다!"

독립군을 이끈 워싱턴 장군은 요크타운 전투에서 영국군 주력 부대를 격파하였고, 이로써 미국 독립 혁명은 막을 내리게 되었습니다.

요크타운 전투의 첫 대포를 발사하는 조지 워싱턴

워싱턴이 살았던 마운트 버넌 농장

모두 힘을 내라! 승리의 여신은 우리 아메리카 편이다.

백기를 든 영국군의 항복을 받고 있는 조지 워싱턴

식민지군 총사령관 조지 워싱턴

다음은 워싱턴의 일화입니다. 정원에 벚나무 한 그루가 쓰러져 있는 것을 본 워싱턴의 아버지가 하인들을 불러 꾸짖으며 물어보았습니다.

"내가 제일 아끼는 이 벚나무를 누가 베었느냐?"

하인들에게 벌을 내리려는 순간, 어린 워싱턴이 나타났습니다.

"아버지, 손도끼가 잘 드는지 시험해 보느라고 제가 잘랐습니다."

벌 받을 각오를 하고 정직하게 잘못을 말하다니, 정말 장하구나.

아버지는 워싱턴의 머리를 쓰다듬어 주며 아들을 칭찬해 주었습니다.

"천 그루의 벚나무보다 정직하게 사실을 말한 네 용기가 더 소중하단다."

워싱턴은 이렇게 정직과 용기를 교훈 삼아 씩씩하게 자랐습니다.

드라바 강을 건너가는 조지 워싱턴

총사령관 시절의 조지 워싱턴

11세 때 아버지를 여읜 워싱턴은 학교 교육을 제대로 받지 못했습니다. 15세 때에는 측량 기사가 되었으며, 1755년에는 버지니아 민병대 사령관으로 활약했습니다.

정직하고 용감한 워싱턴은 42세 때인 1774년에 전 식민지 총사령관이 되어 독립 전쟁에 뛰어들었습니다.

어느 추운 겨울, 총사령관 워싱턴은 한밤중에 순찰을 하였는데, 밖에는 눈보라가 펄펄 휘날리고 있었습니다.

'누가 눈사람을 다 만들어 놨군.'

막사 앞을 지나며 이런 생각을 하는데, 눈사람이 움직였습니다.

영국군을 공격하는 독립군

부대를 시찰하는 조지 워싱턴

아니, 아직 어린 소년병이로구나. 쯧쯧, 상당히 추울 텐데.

자세히 보니 차렷 자세를 한 그것은 눈사람이 아니라 보초병이었습니다.

워싱턴은 가까이 가 보고 나서 더욱 놀랐습니다.

"소년병이로구나. 상당히 춥지?"

얼마 뒤에 다음 교대를 서려고 나온 병사는 깜짝 놀랐습니다. 소년병 대신 워싱턴이 대신 보초를 서고 있기 때문이었습니다.

미국 독립혁명의 승리를 경축하는 아메리카인

1781년 10월 19일 항복하는 영국군

하하, 어떤가? 이만하면 아주 멋진 눈사람이지?

"사령관님, 이게 어찌 된 일입니까?"

"소년병이 눈사람이 되어서 들여보내고 내가 대신 섰네. 나도 눈사람이 되어 보고 싶어서 말이야. 멋있지 않나?"

"네! 키 큰 눈사람이라 아주 멋있습니다."

이런 일이 있은 후부터 병사들은 부하를 자신의 몸처럼 생각하는 워싱턴을 더 잘 따랐습니다.

1796년 세 번째 대통령에 당선되었으나, 임기를 거절하는 조지 워싱턴

5 아메리카 합중국의 탄생

영국은 1783년에 맺은 파리 조약에서 13주 식민지의 독립을 승인하고, 미시시피 강 동쪽 지역을 미국에 양도하였습니다.

이렇게 독립하게 된 13주 식민지는 아메리카 합중국을 이룩하였습니다. 그리고 1787년에 필라델피아에서 아메리카 합중국 헌법을 만들었습니다.

이 헌법은 민주주의, 연방주의, 삼권 분립주의에 바탕을 둔 것으로, 새 헌법에 따라 1789년에 조지 워싱턴이 초대 대통령으로 선출되었습니다.

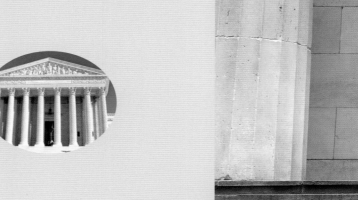

조지 워싱턴 동상

아메리카 합중국의 탄생

＊미시시피 강
미국 중앙부를 관류하는 강으로, 세계에서 세 번째로 긴 강이다.
본류는 이타스카 호에서 발원하며, 삼각주를 형성하여 멕시코 만으로 흘러든다.

1783년, 영국과 미국은 파리 근교 베르사유에서 평화 조약을 맺고, 비로소 아메리카 합중국의 독립이 정식으로 승인되었습니다.

"대영 제국은 아메리카 합중국의 독립을 정식으로 승인하며, 미시시피 강＊ 동쪽 13주의 땅을 아메리카의 영토로 준다!"

베르사유 평화 조약으로 프랑스는 서인도 제도의 몇몇 섬을 얻었습니다. 에스파냐는 메노르카 섬과 플로리다를 찾았습니다.

식민지에 도착한 청교도들

이때는 청교도들이 메이플라워호를 타고 신대륙을 밟은 지 150여 년이 지난 뒤였습니다.

그들은 누구의 간섭도 받지 않고 신앙의 자유를 누리며 떳떳한 독립 국가에서 평화롭게 살아가게 되었습니다.

워싱턴의 부인 마사 워싱턴

미국 플로리다주 올랜도에 있는 디즈니 매직 킹덤

내려다본 미시시피 강

1873년 뉴욕 맨해튼의 전경

메이플라워호에 몸을 실은 102명의 청교도가 이 땅에 발을 디딘 지 150여 년 만에 아메리카는 그 누구의 간섭도 받지 않고 자유롭게 살 수 있는 독립 국가가 된 것입니다.

이곳에는 이제 국왕도 귀족도 없는 오직 순수한 자유만을 원칙으로 하는 새로운 세계가 열렸습니다.

독립국 아메리카의 13주 대표는 1787년 필라델피아에 모여 회의를 열었습니다.

"헌법 제정 회의를 엽시다."

"그래요, 새 나라 헌법을 마련해야지요."

이들은 각 주가 자치적으로 살림을 꾸려 나가는 자치권을 인정하는 연방주의를 선택했습니다. '연방'이란 자치권을 가진 여러 주나 나라가 공통된 정치 아래 모여 이루어진 국가 형태입니다.

새 나라에 맞는 새로운 헌법을 제정합시다.

연방주의와 함께 '삼권 분립'*과 '민주주의'는 아메리카 합중국의 3대 원칙이었습니다. 삼권 분립은 나라 권력을 입법, 사법, 행정의 세 기관이 독립하여 처리하는 일이며, 민주주의는 주권이 국민에게 있으므로 모든 권력이 국민에게서 나오게 하는 주의입니다.

본 회의에서 연방주의, 삼권 분립, 민주주의 원칙을 채택했음을 공포합니다.

미국 워싱턴에 있는 미국 최고 재판소

미국 워싱턴에 있는 국립도서관 미국 의회도서관

80

초대 대통령 조지 워싱턴의 동상

민주 공화국으로의 발돋움

1788년, 드디어 '연방 헌법'이 만들어져 아메리카 합중국의 형태가 갖추어졌고 미국은 민주 공화국으로 발돋움했습니다.

새 헌법에 의해 워싱턴*이 초대 대통령으로 당선되었습니다. 그 후 워싱턴은 또 한 번 대통령에 당선되었고, 현재까지도 '미국 건국의 아버지'로 존경받고 있습니다.

*조지 워싱턴
미국의 초대 대통령이다. 미국의 독립을 위해 싸워, '미국 건국의 아버지'라고 불린다.
영국과의 독립전쟁에서 미국이 승리하는 데 큰 역할을 하였다.
1789년 신생 독립국 미국의 초대 대통령에 당선된 뒤, 미국의 정치와 재정을 정비, 나라의 토대를 튼튼히 하였다.

그리고 워싱턴이 1799년 12월 14일, 67세의 나이로 세상을 떠나자, 다음 해인 1800년에 아메리카 합중국의 수도는 포토맥 강변의 워싱턴으로 옮겨졌습니다.

자유를 상징하는 것으로 우리의 머릿속에 가장 먼저 떠오르는 것은 뉴욕 항구에 있는 '자유의 여신상'*일 것입니다.

이 거대한 동상은 미국의 독립을 축하하기 위해 1886년 프랑스 국민이 미국 독립 100주년 때 선물한 것입니다.

에펠탑을 세운 프랑스 건축가 알렉상드르 에펠

'자유의 여신상' 은 바르톨디의 작품이며, 에펠탑*을 만든 에펠*이 철골 구조물의 설계와 조립을 맡았습니다.

여신상은 왼손에는 독립선언서, 오른손에는 횃불을 들고 있습니다.

그리고 그 안쪽에는 엘리베이터가 설치되어 있어서 여신상의 머리 부분까지 올라갈 수 있습니다.

미국을 여행하는 세계 각국의 사람들은 이 동상을 쳐다보면서 자유의 소중함을 되새기고 있습니다.

프랑스 파리의 상징인 에펠탑

에펠탑 밑에 세워진 에펠의 조각상

6 새로 일어나는 혁명의 기운

미국의 독립을 지켜본 프랑스와 라틴 아메리카의 식민지에서는 서서히 혁명의 기운이 피어나고 있었습니다.

볼테르나 루소와 같은 계몽 사상가들은 국가와 사회의 폐해를 날카롭게 공격하였는데, 이것은 국민들 사이에 불만을 드러낼 기회를 엿보게 만들었습니다.

이와 같은 폐해에 대한 지적과 개선 요구는 시가나 산문, 희극 등의 형태로도 나타났습니다. 그중 〈백과전서〉는 새로운 과학의 발견을 소개하여, 낡은 견해를 비판하고 진보적인 사상을 설명하였습니다. 또한, 정치적인 조직이 만들어지고, 사람들은 정치와 종교에 대하여 논의하였습니다.

말을 탄 루이 14세

대혁명을 예고하는 프랑스의 내부 모순

"우리도 아메리카 합중국을 본받읍시다!"

대륙에 아메리카 합중국이라는 민주 공화국이 탄생하자, 이렇게 희망의 꿈을 키우는 사람들도 많았으나, 한편으로는 충격을 받은 사람들도 많았습니다.

"뭐라고? 모든 권력은 국민에게 나온다고?"

백성을 억압하던 권력자들에게 미국 독립은 두려운 사건이었습니다. 프랑스와 라틴 아메리카 식민지에서는 미국의 독립을 보고 이미 혁명의 횃불이 타오르기 시작했습니다. 프랑스의 루이 15세＊가 왕이 되었을 때 그의 나이 겨우 5세였습니다.

소년 시기의 루이 15세

1748년 루이 15세의 초상화

그리고 그가 증조할아버지인 루이 14세에게 물려받은 것은 엄청난 빚과 절대적인 왕의 권위였습니다. 루이 14세는 평생을 전쟁으로 보내며 프랑스를 빚더미에 올라앉게 만든 것입니다.

루이 15세

절대 왕권 국가였던 프랑스는 루이 15세가 어려서 나라 정치는 오를레앙 공이 맡았습니다. 이때부터 루이 14세가 이룬 절대 왕권이 서서히 기울어지기 시작했습니다.

이 무렵 프랑스는 인구가 2,600만 명으로 영국의 1,500만 명에 비해 아주 큰 나라였습니다.

프랑스 사회는 제1신분이 성직자, 제2신분이 귀족, 제3신분이 평민으로 되어 있었는데, 모든 것이 특권층인 1, 2신분에게만 유리하고 시민, 노동자, 농민으로 이루어진 평민에게는 매우 불리하게 되어 있었습니다.

귀족들의 호화로운 생활

"쳇, 귀족들은 호화롭게 사는데, 우린 이 꼴이 뭐야!"

나라의 빚까지 담당하게 된 평민들은 생활고에 시달렸습니다.

영국도 프랑스와 마찬가지로 나라의 빚이 많았으나 귀족도 세금을 냈습니다. 빚이 많아지면 의회가 다시 세금을 올릴 것을 결정하여, 세금이 오른 만큼 귀족은 많이, 평민은 적게, 모든 국민이 골고루 세금을 냈습니다. 즉, 귀족이든 평민이든 모든 사람이 스스로 국민의 한 사람임을 깨닫고, 나라의 일을 자신의 일로 생각하면서 힘을 합쳤습니다.

귀족들은 좋겠어. 무거운 세금 걱정은 하지 않아도 되니.

그렇기 때문에 나라의 많은 고비도 헤쳐나갈 수 있었던 것입니다. 그러나 프랑스는 달랐습니다. 국가의 빚은 곧 왕의 책임이었고, 귀족이나 성직자 같은 특권 계층은 빚에 대해서는 걱정은커녕 관심조차도 두지 않았습니다.

루이 15세

모임을 즐기는 귀족들

하루하루 먹고 살기가 이렇게 힘들어서야 원.

"국가의 빚이라고? 그거야 왕이 알아서 하겠지. 우리 귀족은 고귀한 핏줄을 받고 태어났으니 그런 것은 신경 안 써."

특권 계층 사람들은 국가의 모든 제도, 특히 세금 제도를 자신들에게 유리하도록 고쳐서 모든 경제적인 부담이나 나라의 빚은 왕의 책임으로 돌림으로써 결국에는 가난한 백성들의 어깨를 짓눌렀던 것입니다.

그리하여 부유한 귀족이나 성직자들은 더할 수 없이 사치스럽고 편안한 생활을 한 반면, 가난한 백성들은 너무나 무거운 세금 때문에 고통을 받았습니다.

특히, 나라의 대다수 백성들은 제3신분인 농민들이었습니다. 세금 대부분을 부담해야 하는 이들의 불만으로 나라는 매일 소란스러웠습니다.

엄청난 세금 때문에 도저히 가난에서 벗어날 길이 없어.

계몽주의 사상의 출현

프랑스의 계몽사상가 샤를 몽테스키외

이 평민 계층 가운데는 스스로 노력하여 많은 지식을 얻고 재산을 모아 새로운 시민 계층으로 떠오른 사람들도 있었습니다. 그리하여 이 새로운 실력자인 시민 계층, 즉 중산층은 모든 특권과 이익을 독차지하는 귀족 계층에 대한 미움을 달래며 실력을 서서히 키워나갔습니다. 그런 때에 밀물처럼 밀어닥친 계몽주의 사상이 이들의 불평불만에 불을 지폈습니다.

 골든벨 상식

계몽주의

사람들이 과학적인 사상을 중시하고 이성을 존중하게 됨에 따라 봉건적 절대주의에 대한 예리한 비판이 가해졌다. 비판 사상은 특히 18세기의 프랑스에서 융성하였다.

볼테르는 귀족과 가톨릭 교회의 횡포를 비판하였으며, 많은 책을 저술하였다.

몽테스키외는 〈법의 정신〉이라는 책을 써서 영국의 의회 정치를 찬양하였으며, 삼권 분립주의를 주창하였다. 루소는 인류의 원시 시대를 이상적이라고 생각하여 자연으로 돌아가라고 주장하였고, 〈사회계약론〉을 통하여 인간의 자유와 평등을 부르짖었다. 이러한 사상을 계몽사상이라고 한다.

계몽사상가인 루소

18세기 프랑스의 대표적 계몽사상가 볼테르

프랑스의 계몽사상가 드니 디드로

"자연으로 돌아가자!"

"인간은 모두 평등하다!"

또한, 미국 독립 혁명에 퍼부은 엄청난 자금은 전쟁의 승리라는 명예만 안겨 주었을 뿐, 모두 나라의 빚이 되어 국민들의 어깨를 더욱 짓눌렀습니다.

"이대로 나가다가는 아무래도 큰일이 일어날 것 같군."

프랑스에서는 혁명의 기운이 서서히 일고 있었습니다.

그것은 루이 15세가 세상을 떠났을 때 더욱 뚜렷해졌습니다.

프랑스의 앞날에 대혁명이 기다리고 있었던 것입니다.

프랑스에는 대대적인 개혁이 필요해. 프랑스도 언제까지 민중을 억압할 수는 없을 거야.

자유의 상징 '자유의 여신상'

세계사 부록

추수 감사절의 유래

신대륙의 크리스트교도(필그림 파더스)들은 1621년에 유럽에서 신대륙 아메리카로 건너온 반영국 국교회 파이다.

그들이 황무지를 개척해서 농사를 지어 첫 수확을 하고 하느님께 감사 예배를 드린 것을 기념하고, 건국의 기초를 닦은 업적을 기린 데서 오늘날의 추수 감사절이 비롯되었다.

이날에는 가족들이 모두 모여 칠면조를 굽고, 호박 파이를 만들어 먹는다. 여기에서 칠면조는 신대륙에 살던 큰 식용 새이며, 호박은 식민지 시대 초기에 과일 대신 많이 먹던 채소이다. 오늘날에는 미국뿐 아니라 전 세계의 축제일이 되었다.

신대륙으로 이주하는 청교도

미국 독립혁명의 시작

1775년 보스턴 근교에서 영국군과 식민지군 사이에 무력 충돌이 일어나 독립혁명의 막이 올랐다. 1775년에 마침내 보스턴 북서부의 렉싱턴과 콩코드에서 무력 충돌이 일어났다. 이때 직접적인 계기가 된 것은, 본국 군대가 식민지 측의 무기고를 접수하려 하자, 식민지 측이 이에 저항하였기 때문이다.

독립혁명의 시작을 알린 렉싱턴 전투

그해에 필라델피아에서 개최된 제2차 대륙 회의에서 프랑스 식민지와의 전쟁에서 승리한 워싱턴이 식민지군의 총사령관으로 임명되었다.

초기에는 군사 훈련이나 무기, 식량, 군수 물품이 부족한 식민지군이 불리하였으나 유럽 여러 나라의 재정적 원조와 의용군의 참전으로 워싱턴 지휘하의 독립군은 전세를 역전시켰다.

미국의 독립선언서

전쟁이 일어났을 무렵에는 식민지 주민들 중에 독립을 찬성한 사람이 전체 인구의 3분의 1 정도에 지나지 않았다. 그럼에도 불구하고 그들은 전쟁이 본격적으로 전개되자, 1776년 7월 4일에 합중국의 독립선언을 발표하였다.

이 독립선언문은 제퍼슨과 프랭클린이 기초한 것으로, 여기에는 '모든 사람은 평등하게 태어났으며, 남에게 넘겨줄 수 없는 일정한 권리를 신으로부터 부여받았다.

독립선언문에 서명하는 13개 주 대표들

모든 사람은 생명, 자유, 행복을 추구할 권리가 있다.' 라는 민주주의의 이상이 뚜렷하게 밝혀져 있다. 이것은 후일 프랑스 혁명 때의 인권 선언에 영향을 미쳤다.

미국 독립의 의의

미국은 세계에서 가장 강력하고 부유한 국가로 독립하게 되었다. 이러한 미국의 독립은 주변 국가에 커다란 영향을 미쳤다. 먼저 미국의 독립을 원조한 프랑스에서는 부르봉 왕조의 압정하에서 신음하고 있던 프랑스 민중들이 자유의 눈을 뜨게 되어, 프랑스 혁명이 일어나는 직접적인 원인으로 작용하였다.

미국의 대통령 관저인 백악관

그리고 다른 유럽 사람들에게도 커다란 자극을 주었다. 라틴 아메리카에서도 미국의 독립에 자극을 받아, 19세기에 들어와 각지에서 독립운동이 일어났다.

미국의 독립은 식민지의 독립일 뿐만 아니라, 민주주의 혁명이기도 하였다. 그 결과, 상공업이 발전하게 되었다.

1689	청과 러시아, 유럽 제국과 맺은 최초의 평등 조약인 네르친스크 조약을 체결함.
	잉글랜드, 의회에서 메리의 남편인 빌렘 3세를 왕 (윌리엄 3세)으로 추대함.
	러시아의 표트르 1세, 친정을 시작함.
1694	티베트, 포탈라 궁을 완성함.
	프랑스, 아카데미 프랑세즈에서 〈프랑스어 사전〉 초판을 편집함.
1695	청, 자금성의 대화전을 준공함.
1696	무굴 제국, 악바르 대제의 묘를 건설함.
1697	러시아의 표트르 대제, 서유럽 여러 나라를 순행함.
1699	청, 영국 상인의 광둥 무역을 허가함.
	러시아의 표트르 대제, 군제를 유럽식으로 개편함.
1700	에스파냐, 합스부르크 가가 단절되고 부르봉 가에서 왕위를 계승하여 루이 14세의 손자 펠리페 5세가 즉위함.
1701	에스파냐, 에스파냐 왕위 계승 전쟁이 일어남.
1702	잉글랜드의 앤 여왕, 북아메리카에서 프랑스와 식민지 쟁탈 전쟁인 '앤 여왕 전쟁'을 벌임.
1704	러시아, 페테르부르크 시를 건설함.
1705	잉글랜드, 버킹엄 궁전을 건설함.
1710	프랑스, 베르사유 궁전을 완성함.
	영국, 런던에 세인트 폴 성당을 완성함.
1713	프로이센, 프리드리히 빌헬름 1세 즉위함(절대 왕정 성립)
1715	프랑스, 루이 14세 사망하고 루이 15세 즉위함.
1716	청, 〈강희자전〉을 출간함.
1717	영국, 프랑스, 네덜란드, 에스파냐와 스웨덴에 대항하여 3국 동맹을 수립함.
1719	영국의 디포, 〈로빈슨 크루소의 모험〉을 저술함.
	유럽, 리히텐슈타인 공국을 설립함.
1721	프랑스의 몽테스키외, 〈페르시아인의 편지〉를 저술함.

티베트의 포탈라 궁

버킹엄 궁전 앞의 빅토리아 여왕 동상

신성 로마 제국의 바흐,
〈브란덴부르크 협주곡〉을 작곡함.

1722   청, 성조 죽고 옹정제 즉위함.

1724   영국의 헨델, 〈줄리어스 시저〉를 지음.

1726   영국의 스위프트, 〈걸리버 여행기〉를 저술함.

1729   청, 아편 판매를 금지하고 영국 등
         여러 나라와 무역을 시작함.
         신성 로마 제국의 바흐, 〈마태 수난곡〉을 지음.

1734   프랑스의 몽테스키외,
         〈로마인 성쇠 원인론〉을 저술함.

1735   청, 건륭제 즉위함(청조의 전성기).

1737   이탈리아, 메디치 가가 단절되고
         오스트리아 왕녀 마리아 테레지아의
         남편 프란츠 슈테판이 토스카나 공을 계승함.

1739   청의 장정옥, 〈명사〉를 완성함.

1740   프로이센, 프리드리히 2세(대왕) 즉위함.

1745   신성 로마 제국, 프란츠 1세가 황제에 즉위함.

1748   프랑스의 몽테스키외, 〈법의 정신〉을 출간함.

1751   아메리카의 프랭클린,
         〈전기의 실험과 관찰〉을 저술함.

1752   아메리카의 프랭클린, 피뢰침을 발명함.

1756   오스트리아의 마리아 테레지아,
         슐레지엔 지역을 탈환하고자 7년 전쟁을 일으킴.

1759   영국, 대영 박물관을 창설함.

1762   프랑스의 루소, 〈사회계약론〉,
         〈에밀〉 등을 출간함.
         러시아, 표트르 3세의 황후
         예카테리나 2세 즉위함.

1764   영국의 하그리브스,
         다축 방적기(제니 방적기)를 발명함.
         프랑스의 볼테르, 〈철학사전〉을 저술함.
         북아메리카, 영국 상품 불매 운동을 전개함.

〈걸리버 여행기〉의 작가 스위프트

영국의 대영 박물관

남장을 하고 말을 탄 예카테리나 2세

베르사유 궁전
파리 교외 베르사유에 있는 부르봉 왕가의 이궁이다.
바로크 양식의 건물로 장엄하고 호화롭기로 유명하
다. 1661~1690년 사이에 세워진 루이 14세의 궁전으
로 1682~1715년에는 루브르 궁을 대신하는 정식 왕
궁으로 쓰였다.

영국의 버킹엄 궁전

유럽

아시아

아프리카

인도양

오스트레일리아

영국의 앤 여왕

계몽 사상가 볼테르(1694~1778년)
18세기 프랑스 대표적 사상가의 한 사람이다. 그의 사상을 계몽주
의라고 하는데, 그는 사람들에게 그때까지의 제도와 관습의 모순을
지적해 주어 빛나는 이성으로 주위의 사물과 사태를 판단할 수 있
도록 이끌고자 노력했다. 당시의 유럽에 볼테르 선풍을 일으켰으
며, 유럽 지성에 큰 영향을 미쳤다.

건륭제의 옥새

북아메리카

태평양

대서양

남아메리카

건륭제(1711~1799년)

중국 청나라의 제6대 황제이다. 강희제의 손자로, 아버지 옹정제의 뒤를 이어받아 1735년에 황제의 자리에 올랐다.

그는 융성하는 국력을 밖으로 돌려 몽골, 신장, 티베트, 네팔 등을 정복하고 다시 미얀마와 베트남에까지 손을 뻗어 넓은 영토를 차지하였다.

볼테르, 루소와
함께한 프랭클린

미국의 정치가이며 과학자인 프랭클린(1706~1790년)

미국의 정치가, 사상가, 과학자이다. 독립선언서의 기초 위원, 프랑스 대사 등을 역임하였으며, 파리 조약을 맺어 독립혁명을 마무리하였다.

또한, 독립한 아메리카 합중국의 헌법 제정 위원회에서도 활발한 활동을 보였다. 자연 과학에도 관심을 기울여 피뢰침, 번개의 방전 현상을 증명하였다.

〈세계사 이야기〉 관련 홈페이지

골말의 역사 교실 http://history.new21.net

공자를 찾아서 http://nagizibe.com.ne.kr

김제훈의 역사가 좋아요 www.historylove.com

대영 박물관 www.thebritishmuseum.ac.uk

독일 정보 www.nobelmann.com

러시아 우주 과학회 www.rssi.ru

루브르 박물관 www.louvre.fr

링컨(백악관) www.whitehouse.gov/history/presidents/al16.html

메트로폴리탄 미술관 www.metmuseum.org

버지니아 대학 도서관 http://etext.virginia.edu/jefferson

사이버 스쿨버스 www.cyberschoolbus.un.org

서양 미술 사학회 www.awah.or.kr

소창 박물관 www. sochang.net

영국의 왕실 공식 사이트 www.royal.gov.uk

유엔(UN) www.un.org

이슬람 소개 www.islamkorea.com

인도의 독립 운동가 간디를 소개하는 사이트 http://mkgandhi.org

정재천의 함께하는 사회 교실 http://yuksa.new21.org

제1차 세계 대전의 원인, 주요 전투, 관련 인물, 연대표 수록

http://firstworldwar.com

주한 독일 문화원 www.gothe.de/seoul

주한 중국 문화원 www.cccseoul.org

주한 프랑스 문화원 www.france.co.kr

중국의 어제와 오늘 www.chinabang.co.kr

차석찬의 역사 창고 http://mtcha.com.ne.kr

한국 서양사 학회 http://www.westernhistory.or.kr

한국 셰익스피어 학회 www.sakorea.or.kr

한국 프랑스 사학회 http://frenchhistory.co.kr